司馬遷和他的歷史學

翦伯贊 著

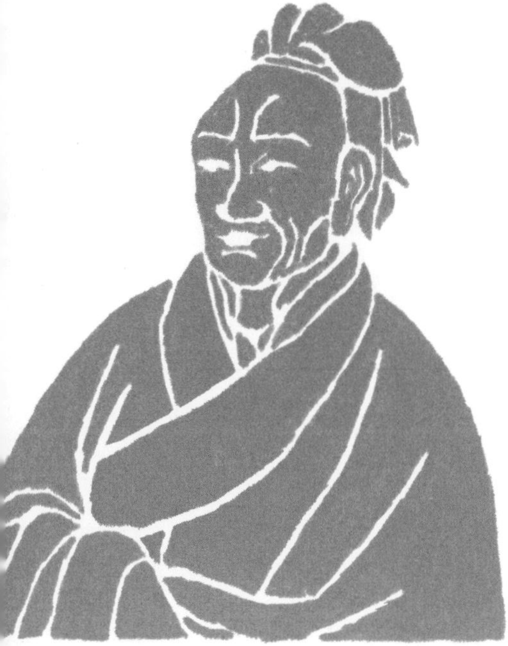

中和出版
OPEN PAGE

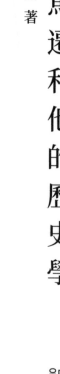

出版緣起

我們推出的這套「大家歷史小叢書」，由著名學者或專家撰寫，內容既精專、又通俗易懂，其中不少名家名作堪稱經典。

本叢書所選編的書目中既有斷代史，又有歷代典型人物、文化成就、重要事件，也包括與歷史有關的理論、民俗等話題。希望透過主幹與枝葉，共同呈現一個較為豐富的中國歷史面目，以饗讀者。因部分著作成書較早，作者行文用語具時代特徵，我們尊重及保持其原有風貌，不做現代漢語的規範化統一。

中和編輯部

目錄

一　司馬遷的傳略

中國之有文字的歷史記錄，早在殷周時代。甲骨上的刻辭，鐘鼎彝器上的銘文，都是歷史記錄。春秋戰國之際，儒墨並起，百家爭鳴，其所著述，亦多稱引遠古的傳說神話，以自實其說。《尚書》、《國語》、《戰國策》之類的著作，且已接近於有系統的歷史記錄。以後又有《世本》，錄黃帝以來至春秋時帝王公卿大夫的世系所出。更後又有《楚漢春秋》，記楚、漢之間的史實。但這些著作，或紀年為錄，或分國為史，或僅記世系，或截錄斷片，皆係支離斷爛的著作，並未構成一個整然的歷史系統；而且寫著的方法，亦無一定的成規。至於諸子的著作，則不過借史料以為其立論之根據或例證而已，更無所謂體例。所以我說漢以前，寫著歷史尚不成為一種專門的學問，寫著歷史之成為一種專門的學問，即所謂歷史學，在中國，是創始於天才的史學大師司馬遷。

司馬遷，字子長，左馮翊夏陽（今陝西韓城*）人。生於漢景帝中元五年（公元前一四五年），卒年不詳。但從他的著作中，可以看出，他在武帝後元年間，尚在人間。例如《史記．高祖功臣侯者年表》中書徵和者二，後元者一；《惠景間侯者年表》中，書徵和者一，後元者三。按後元為武帝最後的年號。後元共二年，其第二年為公元前八十八年。據此，則司馬遷至少活到公元前八十八年，其年壽六十歲左右。

司馬遷出生於一個世家的家庭。據他自己在《史記．自序》中考證，他的始祖是傳說中「顓頊」時代的「重黎氏」。「重黎氏」自顓頊歷唐、虞、夏、商之世，皆「世序天地」。到周宣王時，「重黎氏」才失其「天地之守」，而為司馬氏。司馬氏在周代「世典周史」。司馬氏出於「重黎氏」的說法，不可信，這大概是司馬遷的推想，而其動念，則以「重黎氏」在傳說中為「星曆」之官。司馬氏為「文史」之官，在中國古代「文史」與「星曆」不分，故有是說。

《自序》中又說當周惠王、襄王之間，「司馬氏去周適晉」。以後分散，或在衛，或在趙，或在秦。司馬遷的直系祖先，就是在秦的一支，其從秦的始祖，即司馬錯，這大概是可靠的。

《自序》中又歷述司馬錯的子孫，以至於他自己。他說錯孫蘄，「蘄與武安君阬趙長平軍，還而與之俱賜死杜郵，葬於華池。蘄孫昌，昌為秦主鐵官」。「昌生無澤，無澤為漢市長。無澤生喜，喜為五大夫。卒，皆葬高門。喜生談，談為太史公。」

司馬談就是司馬遷的父親，他是一位學問淵博的史官。他不但記憶許多歷史掌故，而且精通天文、曆算及諸子百家的學說。《自序》中說他曾「學天官於唐都，受易於楊何，習道論於黃子」。司馬談正撰次舊聞，準備寫一部史記，不幸於元封元年，因為漢武帝舉行祭泰山的大典，即所謂封禪（封為山頂之祭，禪為山麓之祭），沒有帶他同去，他認為這是一個莫大的恥辱，於是氣憤而死。

司馬遷生當西漢隆盛的時代。這時，漢武帝正在勝利地經略邊疆的偉業。東至今日之朝鮮，南至今日浙、閩、粵、桂以至安南，西南至今日之黔、滇，西至今日之新疆乃至中亞，都已經劃入西漢帝國的版圖。只有對北方的匈奴，還沒有完全勝利，因此戰爭在西北仍然繼續進行。司馬遷親眼看到當時中國的人民，暴骨沙漠；親眼看見當時四裔諸民族，稽顙漢庭。漢武帝的歷史創造，當然也就開拓了司馬遷的歷史心胸，他可以看到他以前的人看不到的歷史活劇，聽到他以前的人聽不到的外來傳說。

司馬遷又生在一個史官的家庭，據他在《自序》中說：「天下遺文古事，靡不畢集太史公。」所以他便有優先的機會，去接近中國古典的歷史文獻。《自序》中說：「年十歲則誦古文。」

在司馬遷的當時，西漢政府正在高唱「崇儒術，黜百家」的口號，執行文化思想的統制政策；但司馬遷卻於諸子百家的學術，無所不看。他對於諸子百家，甚至當時尊為正統的儒家學說，都有批判；唯獨對於道家的學說，則讚美盡致。他在《史記·自序》中引其父《論六家要指》曰：

《易·大傳》：天下一致而百慮，同歸而殊塗。夫陰陽、儒、墨、名、法、道德，此務為治者也。直所從言之異路，有省不省耳。嘗竊觀陰陽之術，大祥而眾忌諱，使人拘而多所畏；然其序四時之大順，不可失也。儒者博而寡要，勞而少功，是以其事難盡從；然其序君臣父子之禮，列夫婦長幼之別，不可易也。墨者儉而難遵，是以其事不可偏循，然其強本節用，不可廢也。法家嚴而少恩；然其正君臣上下之分，不可改矣。名家使人儉而善失真；然其正名實，不可不察也。道家使人精神專一，動合無形，贍足萬物；其為術也，因陰陽之大順，採儒、墨之善，撮名、法之要，與時遷移，應物變化，立俗施事，無所不宜，指約而易操，事少而功多。

從這裡可以看出司馬遷的思想，頗受道家的影響。所以後來班固批評他，説他「論大道，則先黃老而後六經」，其思想「頗繆於聖人」，「此其所蔽也」①。

司馬遷在少年時就喜歡遊歷。他不是無目的漫遊，而是為了縱觀山川形勢，參察風俗，訪問古跡，採集傳説。《自序》中説他年「二十而南遊江、淮，上會稽，探禹穴；窺九疑，浮於沅、湘；北涉汶、泗，講業齊、魯之都，觀孔子之遺風。鄉射鄒、嶧，戹困鄱、薛、彭城，過梁、楚以歸。」又在《五帝本紀．太史公曰》中説：「余嘗西至空峒，北過涿鹿，東漸於海，南浮江、淮矣。至長老皆各往往稱黃帝、堯、舜之處，風教固殊焉。」

司馬遷曾作過漢武帝的郎中，並曾一度「奉使西征巴、蜀以南，南略邛、筰、昆明」。元封元年，回京復命。適武帝已赴山東，祭泰山；他的父親，又病在洛陽，「發憤且卒」，因往見父於河、洛之間。《自序》

中云其父執其手而泣曰：

余先，周室之太史也。自上世常顯功名於虞夏，典天官事。後世中衰，絕於予乎？汝復為太史，則續吾祖矣。今天子接千歲之統，封泰山，而余不得從行，是命也夫，命也夫！余死，汝必為太史；為太史，無忘吾所欲論著矣……幽厲之後，王道缺，禮樂衰。孔子修舊起廢，論《詩》、《書》，作《春秋》，則學者至今則之。自獲麟以來，四百有餘歲，而諸侯相兼，史記放絕。今漢興，海內一統，明主、賢君、忠臣、死義之士，余為太史而弗論載，廢天下之史文，余甚俱焉，汝其念哉！

司馬遷俯首流涕，接受了父親的遺命。曰：「小子不敏，請悉論先人所次舊聞，弗敢闕。」其父卒三歲（元封三年，公元前一〇八年），司馬遷被任為太史令，時年三十八歲。

司馬遷繼任太史令後，一面整理其父遺稿，即所謂「先人所次舊聞」；另一面，又博覽皇家圖書館的古書，即所謂「史記石室金匱之書」。編列綱領，樹立規模，經過了五年之久，至太初元年（公元前一〇四年）十一月才開始《史記》的寫著，時遷年四十二歲。

又五年（天漢二年，公元前九九年），而司馬遷遭李陵之禍。關於李陵之禍，據《漢書·李陵傳》載，李陵係李廣之孫，少為侍中建章監。李廣利率大軍擊匈奴，武帝派李陵運送輜重。李陵不願，求自領一軍出居延，以擊匈奴。武帝壯之，乃與以步兵五千。李陵即率步兵五千，深入沙漠，至浚稽山，單于以騎兵八萬圍之。李陵備戰，終以矢盡道窮，援兵不至，降匈奴。這個消息，傳到朝廷，文武百官，都譴責李陵。司馬遷以李陵提步兵五千，與匈奴騎兵八萬，連戰十餘日，縱橫沙漠，所殺過當。「雖古名將不過也。」而且看李陵的意思，「且欲得其當而報漢。事已無可奈何，其所摧敗，功亦足以暴於天下」。適逢武帝以李陵事召問他，他就本着他的意思替李陵説話。他説他的動機，是「欲以廣主上之意，塞睚眦之辭」。但武帝誤會了他的意思，以為他把李陵投降的責任，推到統帥李廣利的身上，替李陵遊説。李廣利是漢武帝寵姬李夫人的兄弟，與武帝有連皮帶肉的關係，怎樣能説他一個不字呢？所以司馬遷就犯了誣上之罪，應處腐刑。在武帝時，本來有「出資者贖罪」的辦法；但司馬遷「家貧，財賂不足以自贖，交遊莫救，左右親近不為壹言」，結果下了蠶室，處了腐刑。實際上司馬遷遭李陵之禍，真是蓋天的冤枉。他在《報益州刺史任安書》中曾説到此事，其中有云：

夫僕與李陵，俱居門下，素非相善也。趣捨異路，未嘗銜杯酒，接殷勤之歡。然僕觀其為人，自奇士。事親孝，與士信，臨財廉，取予義。分別有讓，恭儉下人。常思奮不顧身，以徇國家之急。其素所畜積也，僕以為有國士之風。夫人臣出萬死不顧一生之計，赴公家之難，斯已奇矣。今舉事壹不當，而全軀保妻子之臣，隨而媒孽其短，僕誠私心痛之。

由此看來，司馬遷之為李陵辯護，並非受李陵之託，為之遊說；而是因為他與李陵「俱居門下」，看出李陵的為人，「有國士之風」。同時又看見那些「全軀保妻子之臣」，逢迎皇帝，打擊「出萬死不顧一生之計」的國士，所以慨然犯武帝之盛怒，主持公道。這完全是司馬遷正義感的表現。司馬遷的這種正義感，是他致禍之由，也是他能成為一個偉大的史學家的基本條件。

司馬遷處腐刑後，漢武帝知道他並沒有犯罪，所以又任為中書令，而且信任備至。這從任安要他推賢進士可以看得出來。但司馬遷自遭腐刑以後，卻認為奇恥大辱，他的精神受了很大的摧殘。以至「居則忽忽若有所亡，出則不知所如往。每念斯恥，汗未嘗不發背沾衣也」。

中書令在武帝時，本來是以宦官充任，他主要的任務，就是傳達皇帝的詔令於三公九卿。所以司馬遷在《報任安書》中有曰：「今已虧形為掃除之隸，在闒茸之中。」又說：「行莫醜於辱先，而詬莫大於宮刑。刑余之人，無所比數，非一世也，所從來遠矣。」

司馬遷何以「就極刑而無慍色」。這就是因為他的《史記》「草創未就，適會此禍，惜其不成」。他知道他的「先人，非有剖符丹書之功，文史星曆，近乎卜祝之間，固主上所戲弄，倡優畜之，流俗之所輕也」②。假令他伏法受誅，「若九牛亡一毛，與螻蟻何異？而世又不與能死節者比，特以為智窮罪極，不能自免，卒就死耳」。又說：「僕雖怯耎欲苟活，亦頗識去就之分矣，何至自湛溺累紲之辱哉！且夫臧獲婢妾，猶能引決，況若僕之不得已乎！所以隱忍苟活，函糞土之中而不辭者，恨私心有所不盡，鄙沒世而文采不表於後也。」

自是以後，司馬遷乃「自託於無能之辭」，退而著史，以終其生。《自序》中曰：

七年而太史公遭李陵之禍，幽於縲紲。乃喟然而歎曰：「是余之罪也夫！是余之罪也夫！身毀不用矣。」退而深惟曰：「夫《詩》、《書》隱約者，欲遂其志之思也。昔西伯拘羑里，演《周易》；孔子厄陳、蔡，作《春秋》；屈原放逐，著《離騷》；左丘失明，厥有《國語》；孫子臏腳，而論《兵法》；不韋遷蜀，世傳《呂覽》；韓非囚秦，《說難》、《孤憤》；《詩》三百篇，大抵賢聖發憤之所為作也。此人皆意有所鬱結，不得通其道也。故述往事，思來者。」於是卒述陶唐以來，至於麟止。

由此而知司馬遷之著史，也是因為他「意有所鬱結，不得通其道也」。而其所著《史記》，也是他「發憤之所為作也」。雖然，司馬遷卻並不是亂發牢騷，而是抱持着一種莊嚴的態度，把寫著歷史當作一種神聖的事業。他在《自序》中說：

先人有言：「自周公卒五百歲而有孔子。孔子卒後，至於今五百歲，有能紹明世，正《易傳》，繼《春秋》，本《詩》、《書》、

《禮》、《樂》之際。」意在斯乎！意在斯乎！小子何敢讓焉。

由此看來，司馬遷之寫著歷史，蓋志在《春秋》。所以他在《自序》中又託為壺遂之問曰：「昔孔子何為而作《春秋》哉？」然後答曰：

余聞董生曰：「周道衰廢，孔子為魯司寇。諸侯害之，大夫壅之。孔子知言之不用，道之不行也，是非二百四十二年之中，以為天下儀表，貶天子，退諸侯，討大夫，以達王事而已矣。」子曰：「我欲載之空言，不如見之於行事之深切著明也。」夫《春秋》，上明三王之道，下辨人事之紀，別嫌疑，明是非，定猶豫，善善惡惡，賢賢賤不肖，存亡國，繼絕世，補敝起廢，王道之大者也。

余讀司馬遷書，想見其為人，而悲其遭遇，不覺慨然而歎曰：

從來賢聖廢黜，何其如此相同也。身逢亂世者，固無論矣，以司馬遷生當盛漢之隆，亦不能免於無妄之災。是何賢聖之不容於奸佞也。世無分治亂，時無分古今。司馬遷「少負不羈之才」，長有四方之志，亦嘗「側身下大夫之列，陪外廷末議」；亦嘗「奉使西征巴蜀以南，南略邛、笮、昆明」，何嘗不思竭其材力，以效命於國家。但言之不用，道之不行，而且無罪而遭酷刑。結果，在西漢帝國大遠征的大時代中，望着千軍萬馬咆哮而過，而自己卻閉門著史，垂空文以自見，述往事，思來者，安得而不憤！雖然，司馬遷誠有自知之明，他深知漢武帝英而不明，只知用自己的皇親國戚如衛青、霍去病之流，只知用豪富的商人如東郭咸陽、孔僅之流，只知用歌功頌德的文人，如司馬相如之流。像他那樣既富於正義感而思想又「頗繆於聖人」的學者，決不能得志於專制獨裁的皇帝之前，其不死於非刑已可謂幸事；又能留下其著作，更為大幸。到今日，司馬遷已死去兩千多年，他的名字，和漢武帝的名字，同樣響亮。是知事業文章，各有千秋；又知權力之可得而摧殘者，人之肉體；至於精神，則可以從血泊中，放出其光采。司馬遷曰：「古者富貴而名摩滅，不可勝記，唯俶儻非常之人稱焉。」③如司馬遷者，誠為中國史上俶儻非常的人物。

注釋：

① 《漢書．司馬遷傳．贊》。

② 以上所引均見《漢書．司馬遷傳》引《報任安書》。

③ 《漢書．司馬遷傳》引《報任安書》。

＊編者注：本書為翦伯贊先生一九四四年所著，書中解釋古地名皆用當時行政區劃名稱，為體現行政區劃的建制沿革，保留原文，不依現在行政區劃妄改。

二　司馬遷的歷史方法——紀傳體的開創

司馬遷唯一的長篇巨著是《史記》。《史記》所敘述的範圍，上起傳說中的「黃帝」，下迄漢武之時。其內容為本紀十二篇、書八篇、表十篇、世家三十篇、列傳七十篇，共一百三十篇，五十二萬六千五百字。司馬遷之著這部書，其用意是「欲以究天人之際，通古今之變，成一家之言」①。實際上這部書，確是中國歷史學出發點上的一座不朽的紀念碑。

用本紀、世家、列傳、書、表的體裁寫著歷史，這種歷史方法，即所謂紀傳體的方法。司馬遷的不朽，就是因為他開創了這種前無先例的嶄新的歷史方法。

所謂紀傳體的歷史方法，即以人為主體的歷史方法。此種方法，即將每一個歷史人物的事跡，都歸納到他自己的名字下面。一個歷史人物如此處理，所有的歷史人物都如此處理，於是從這許多個別歷史人物的事跡中，顯出某一歷史時代的社會內容。《史記》就是用這種歷史方法寫成的一部漢武以前的中國古史。

在《史記》中，本紀、世家、列傳，都是以人為主體而記事的。本紀記皇帝，世家記貴族，列傳記官僚、士大夫等。雖作為其主題之人物的政治地位不同，但其皆以人物為記事的主體，則是相同的。或曰：在《史記》中亦有總述文物制度的「書」，及排比年代關係的「表」，這都不是以人為主體的。但我們知道，在《史記》一百三十篇中，本紀、世家、列傳，共佔一百一十二篇，書、表合計只佔十八篇，故知《史記》

是以紀傳為本體；至於書，則不過是《史記》的總論；表，則為《史記》的附錄而已。

紀傳體的歷史，從今日科學的歷史眼光看來，自然還是缺點甚多。這種方法最大的缺點，就是把一件史實，割裂為許多碎片，錯陳於各人的紀傳之中；而且同一史實，到處重複。例如司馬遷下腐刑事，在《司馬遷傳》中必記，在《李陵傳》中，也不可不提。同樣，李陵降匈奴事亦然，這就是一個例子。

但是在司馬遷的當時，他能開創這樣一個歷史方法，是值得讚歎的。因為在當時，所有的古史資料，都是一盤散沙，正像一些破磚亂瓦混在一堆，需要有一個分類的歸納，而紀傳體就是一個最好的方法。司馬遷能夠開創這樣一個方法，並且用這個方法，「協六經異傳，整齊百家雜語」，把漢武以前的古史，歸納到一百多個歷史人物的名下，自「成一家之言」。這如果不是有過人的史學天才，是不可能的。

近人或以為紀傳體的歷史，簡直就等於家譜或墓誌銘的彙編。誠然，司馬遷的學生（班固在內）的著作，確有此種傾向；但司馬遷的《史記》，並不如此。

從《史記》中可以看出，被司馬遷紀傳的歷史人物，並不是毫無歷史價值的人物；而是可以從他的歷史行為中，透露出一些有關於他的歷史時代之社會內容的人物。簡而言之，即能特徵歷史時代的人物。例如他紀五帝，是因為這些神話人物可以暗示出中國史前社會的若干內容。他之傳孔、孟及老、莊、申、韓等，是因為從他們的言論中，可以顯示出先秦諸子學說的分派。他之傳蘇秦、張儀，是因為從他們的政治活動中，可以指示出戰國時期的國際關係。一言以蔽之，司馬遷紀傳一個歷史人物，至少可以從這個被紀傳者身上，透露出若干歷史的消息。所以當他寫完了一百一十二篇人物紀傳以後，漢武帝以前的中國古史，便第一次放出了光明。

司馬遷為甚麼要把紀傳體的歷史，別為本紀、世家、列傳，而又再益之以書、表？這不是隨便的劃分，而是一種嚴謹的部署。從這種分類，我們可以看出，他第一步是將他選定的歷史人物，依其政治的或社會的地位之不同而別為三類，即以帝王為一類，貴族為一類，官僚士大夫等又為一類。然後分別為帝王寫本紀，為貴族寫世家，為官僚士大夫等寫列傳。於是把所有的破碎的零星的史料，分別歸納於這三類的人物的名字之下，使之各成系統。但是人各一傳，沒有相互的聯繫，於是又為之書，總述這一時代社會文物制度的演變，以為紀傳的總論。尚感不足，又益之以年表，排比人與人、事與事間之時代的順序，以為附錄。

司馬遷之作本紀，據其《自序》中云：是為了追尋「王跡所興，原始察終，見盛觀衰」。用近代話說，就是要從王朝的更替，帝王的嬗遞中，提綱挈領，表現出整個歷史發展的線索。換言之，即用本紀作為全書的提綱，指明歷史發展之具體的過程。

即因如此，所以本紀的任務，是要顯出史實發生和發展之時間的順序。因而本紀在體例上，雖以史實分別繫於各個帝王，即以事繫人，但在內容上又要將某一帝王之事，依次繫於其年。換言之，本紀的作法，是既將其人之事繫於其人，又要將其人之事繫之以年。所以本紀，是紀傳體與編年體之混體。

亦因如此，所以本紀雖為帝王的專傳，但並不能詳記帝王個人的瑣事，只能逐年記載在某帝某王時所發生的大事；否則，淆混了他所要顯出的歷史發展的大勢。例如焚書坑儒，在《秦始皇本紀》中，僅記某年焚書，某年坑儒，說明甚簡略；而在《李斯列傳》中，則敘述甚詳。

又如漢武帝擊匈奴，在《武帝本紀》*中，只記某年遣某某伐匈奴；而在衛青、霍去病及其他征伐匈奴的將領的列傳中，則對於每一個戰役，皆有詳盡的記錄。由此看來，帝王雖為本紀的主人，但帝王本人在本紀中，只是被當作一個歷史時代的符號。

又因如此，所以寫本紀時，對於帝王，沒有選擇的自由；因為他們之中的每一個人，不論善惡，都佔領一個時間。聖如堯、舜，固應為之紀，暴如桀、紂，亦必為之紀；英武如秦皇、漢武，固應為之紀，昏暴如二世，亦必為之紀。總之，凡屬帝王，必為之紀。

雖然，亦有例外，有名非帝王而司馬遷亦為之作本紀者，如項羽，失敗之英雄也；呂后，專政之母后也，司馬遷並為之作本紀。何也？司馬遷曰：

秦失其道，豪傑並擾。項梁業之，子羽接之。殺慶救趙，諸侯立之；誅嬰背懷，天下非之。作《項羽本紀》。

惠之早霣，諸呂不台（恰）。崇強祿、產，諸侯謀之。殺隱、幽友，大臣洞疑，遂及宗禍。作《呂太后本紀》。

從這裡我們可以看出司馬遷紀項羽，是因為項羽在殺慶（宋義號「慶子冠軍」）救趙之後，曾為諸侯所立，名雖西楚霸王，實即當時天子。在誅子嬰、背懷王之後，秦已滅而漢未興，支配這秦漢之際歷史時代的，實為項羽。「天下非之」，為時人之主觀；「諸侯立之」，為客觀的事實。故司馬遷紀之。

司馬遷之不紀惠帝而紀呂后，是因為惠帝未死以前，已為虛君；即其既死，呂后實以母后而即於帝位。而且崇強諸呂，幾移漢祚。在漢高既死，文帝未立的歷史時代中，實際上之時代支配者，確為呂后，故司馬遷紀之。

司馬遷之作世家，據其《史記．自序》云：

> 二十八宿環北辰，三十輻共一轂，運行無窮，輔拂股肱之臣配焉；忠信行道，以奉主上，作三十世家。

由此看來，世家所錄的人物，都是接近歷史動力的人物。他們對於當時的歷史中心，正如列星之拱北辰，眾輻之於車轂，「忠信行道」，環繞在歷史中心的周圍。這些人物，自然，非割據一地的貴族，即執政一時的輔相。總之，他們不是支配過某一局部的空間，便是支配過某一短期的時間。

只要是割據一地，或執政一時者，司馬遷皆為之立世家。例如晉、楚、鄭、趙、魏、韓等，割據一地者，有世家；蕭何、曹參、陳平、周勃，執政一時者，亦有世家。禮讓如吳太伯者有世家，叛變如管、蔡者，亦有世家。周、召二公，開國之元勳也，有世家；宋微子，亡國之貴族也，亦有世家。五宗三王，皇帝之子孫也，有世家；外戚，后妃之姻婭也，亦有世家。是知世家者，所以錄貴族，記卿相者也（但有一限制，至漢高時代為止）。

然而亦有例外，有既非貴族，亦非卿相，而司馬遷亦為之作世家者，如孔子，魯之布衣也；陳涉，「氓隸之人而遷徙之徒也」，司馬遷皆為之作世家。何也？司馬遷曰：

周室既衰，諸侯恣行。仲尼悼禮廢樂崩，追修經術，以達王道；匡亂世，反之於正；見其文辭，為天下制儀法，垂六藝之統紀於後世。作《孔子世家》。

桀、紂失其道而湯、武作，周失其道而《春秋》作，秦失其政而陳涉發跡，諸侯作難，風起雲蒸，卒亡秦族。天下之端，自涉發難。作《陳涉世家》。

從這裡，可以看出司馬遷之列孔子於世家，是以孔子以經術達王道於當代，「垂六藝之統紀於後世」，在文化思想上所起的影響作用，至為宏大而悠遠。司馬遷之列陳涉於世家，是以陳涉首義，事同湯、武而義則《春秋》，在現實的歷史上所引起的變局，至為劇烈而重大。司馬遷認識了革命和文化的歷史意義過於王侯卿相的權力，所以他斷然列孔子、陳涉於世家。

《史記》有列傳七十。《自序》中云：「扶義俶儻，不令己失時，立功名於天下，作七十列傳。」

從列傳中，可以看出司馬遷所傳的歷史人物，不外如次的幾類：其一，以節操名於天下者，如伯夷、田橫之輩。其二，以學術名於天下者，如老、莊、申、韓、孟、荀、董仲舒之輩。其三，以文采名於天下者，如屈原、賈誼、司馬相如之輩。其四，以武功名於天下者，如白起、王翦、樂毅、田單、李牧、蒙恬、衛青、霍去病之輩。其五，以文治名於天下者，如管、晏、商鞅、呂不韋、公孫弘之輩。其六，曾縱橫捭闔，左右天下大局者，如蘇秦、張儀之輩。其七，曾養士結客、扶危救傾者，如孟嘗、平原、信陵、春申四公子之輩。其八，曾風雲際會，鞭笞天下者，如韓信、黥布、彭越之輩。其九，為政以德，恩澤及於人民者，如孫叔敖、子產、公儀休、石奢、李離之輩。其十，以醫藥方術，拯救人命者，如扁鵲、倉公之輩。此外，則為怨毒積於人民之酷吏，如郅都、寧成、張湯、趙禹之流；阿諛而無廉恥之佞幸，如鄧通、韓嫣、李延年之流。這些各種各樣的人物，大抵非官僚即士大夫。不論其或善或惡，或賢或不肖，其所行為，對於歷史皆有其或多或少，或好或壞的影響，故司馬遷皆為之傳。

雖然，亦有例外，有既非官僚，亦非士大夫，而司馬遷亦為之立傳者，如卓氏、孔氏、任氏，市井子弟也，而司馬遷為之立《貨殖列傳》。曹沫、專諸、豫讓、聶政、荊軻，匹夫之犯上者也，而司馬遷為之立《刺客列傳》。朱家、劇孟、郭解，以武犯禁之暴徒也，而司馬遷為之列《遊俠列傳》。優孟、優旃，以戲謔為事之優倡也，而司馬遷為之列《滑稽列傳》。司馬季主，長安東市之卜者也，而司馬遷為之列《日者列傳》。丘子明之流，供奉宮廷之巫祝也，而司馬遷為之立《龜策列傳》。何也？司馬遷言他之傳貨殖，是以其「取與以時，而息財富」。傳刺客，是以其「義不為二心」。傳遊俠，是以其「救人於厄，振人不贍……不既信，不倍言」。傳滑稽，是以其「不流世俗，不爭勢利，上下無所凝滯……以道之用」。傳日者，是以「齊、楚、秦、趙，為日者，各有俗所用」，紀風俗也。傳龜策，是以「三王不同龜，四夷各異卜，然各以決吉凶」，誌迷信也。用近代話說，司馬遷之傳貨殖、刺客、遊俠、滑稽、日者、龜策，是因為從這各種各樣的人物身上，可以顯出歷史上的社會各階層的人民的活動，從而顯出歷史之各個側面。而且這些人物的出現，本身就是一種歷史的說明。

此外，司馬遷又替中國四周諸民族作傳，如南越、東越、朝鮮、匈奴、西南夷、大宛等均有傳。這是因為這些民族，在當時與漢族都有着戰爭或交換的關係。

本紀、世家、列傳以外，司馬遷又別為八書。八書者，即禮書、樂書、律書、曆書、天官書、封禪書、河渠書、平準書。司馬遷為甚麼作八書？他說：「禮樂損益，律曆改易，兵權、山川、鬼神、天人之際，承敝通變，作八書。」②由此可知八書之作，可以說是補紀傳之敝。因為紀傳人自為篇，割裂了社會文物制度一貫發展的系列，看不清社會文物制度「承敝通變」的大勢。於是別為八書，揭事為題，類聚而條分，原始而要終。有了八書，則自社會經濟基礎（平準、河渠）、政治制度（禮、樂、律、曆）以至天文（天官）宗教（封禪）的演變過程，莫不提綱挈領，粲然大備。所以我說，八書是《史記》的總論。

《史記》有十表。司馬遷為甚麼作十表？他說：「既科條之矣，並時異世，年差不明，作十表。」③又在《十二諸侯年表．序》中說：「儒者斷其義，馳說者騁其辭，不務綜其終始；曆人取其年月，數家隆於神運，譜諜獨記世謚，其辭略，欲一觀諸要難，於是譜十二諸侯。」由此而知司馬遷之作十表，實欲指示歷史事實或人物的時間性。自十表作，於是上起三代，下迄漢武之間，諸侯名臣之世系年代，遂一目了然。所以我說，十表，是《史記》的附錄。

十表在原則上，是以指示史實之具體的年代為目的；但亦有例外，例如於三代，則不紀年代，僅紀世系，而別之曰《三代世表》。又如於秦漢之際，則不僅紀年，而且紀月，又別之曰《秦楚之際月表》。是知十表中，有三種形式，即世表、年表與月表。世表最略，月表最詳，而年表則為十表中之常規。

司馬遷何為於三代不紀年而紀世呢？他說：「五帝三代之記尚矣！自殷以前，諸侯不可得而譜。周以來，乃頗可著。孔子因史文，次春秋，紀元年，正時日月，蓋其詳哉。至於序《尚書》，則略無年月；或頗有，然多闕，不可錄。故疑則傳疑，蓋其慎也。余讀諜記，黃帝以來，皆有年數。稽其曆譜諜，終始五德之傳，古文咸不同，乖異。夫子之弗論次其年月，豈虛哉？於是以《五帝繫諜》、《尚書》集世紀黃帝以來訖共和，為世表。」由此而知年代不可得而紀者，司馬遷絕不亂抄不可靠的諜記而強為之紀，以求符合於其自己的公式。

司馬遷何為而於秦漢之際不紀年而紀月④呢？他說：「初作難，發於陳涉，虐戾滅秦，自項氏；撥亂誅暴，平定海內，卒踐帝祚，成於漢家。五年之間，號令三嬗，自生民以來，未始有受命若斯之亟也。」即因「五年之間，號令三嬗」，興亡成敗，變化急劇。當此之時，一月之事，多於一年，故司馬遷不以年紀而以月紀，別作月表。

總上所述，因知《史記》一書，是以紀傳為本體，以八書為總論，以十表為附錄之一部自成系統的歷史著作。

司馬遷把過去零碎散亂的史料，分別歸類於各人之紀傳而演繹之；然後於八書中總其歷史時代的背景而作歸納之敘述；最後，則於年表中，排比年代，以求從時間的關係上推求其彼此間之關聯。故歸納、演繹、排比，實為紀傳體歷史方法構成的要素；而其表現的形式，則為紀、傳與書、表。

同時，在紀傳中，又以本紀為綱領，而以世家與列傳演繹本紀的內容，使本紀、世家與列傳，構成無形的連鎖。然後再以全部的紀、傳與書、表相關聯。這樣，就構成了紀傳體歷史方法之整然的體系。

在敘述方面，於紀傳中，司馬遷已經把眼光注射到歷史上的社會之各階層人民的形形色色的活動，注射到歷史上的社會之每一個角落的民族，從社會的上層到社會的下層，從中國的本部到中國的四周，無所不紀。於八書中，他不僅注意到禮樂、律曆，而且也注意到平準、河渠，注意到天官、封禪，從經濟、政治乃至意識諸形態，無所不書。於十表中，他已經知道詳者紀月，次之紀年，又次之紀世；從三代下迄漢武，其間諸侯將相，無不依次為表。

余讀《史記》，不禁驚歎兩千餘年前的史學家竟能創造如此周密的方法，其頭腦是何等地精細！眼光是何等地博大！

注釋：

① 《漢書．司馬遷傳》引《報任安書》。

② 《史記．自序》。

③ 《史記．自序》。

④ 《秦楚之際月表》有紀年，但以事繫月。

＊編者注：本書有個別本紀、世家、列傳使用俗稱，如《武帝本紀》(《孝武本紀》)、《衛青霍去病列傳》(《衛將軍驃騎列傳》)、《信陵君列傳》(《魏公子列傳》)等。為保持作品原貌，不予妄改。

三　司馬遷的歷史方法二——紀傳體的活用

晚近歷史的研究，已經進入科學的階段，對於紀傳體的歷史方法，當然不能滿足。實際上，這種古典的方法，有一個最大的弊病，就是要把歷史割裂為無數的碎片，令人只看見個別人物的活動，看不見人類社會的歷史之全面的運動。此種弊病，雖有八書、十表，亦不能完全補救。雖然，在司馬遷當時，他並不是用紀傳體割裂歷史；反之，而是連串歷史。因為在當時，並沒有整然有系統的歷史著作，擺在司馬遷的面前，讓他去任意割裂，只有片斷零碎的史料，散見於古典文獻之中，等待他去編纂。紀傳體的歷史方法，就是為了連串這些零碎的歷史資料而開創出來的。

紀傳體的歷史方法，有一定的公式，自然是過於拙笨。但是在這個方法的創始者運用起來，卻能變而通之，神而化之。過細研究過司馬遷的歷史方法的人，就會知道他之運用紀傳體的方法，正如騎着一匹不羈之馬，縱橫馳騁，無往而不適，無適而不可。

司馬遷能夠發明紀傳體的方法，也能駕馭他自己所發明的方法。他決不用公式來擺佈歷史，而是用歷史去活用他的公式。他唯一的活用方法，就是依據具體歷史的資料而或為專篇，或為合篇。

首先，就本紀而論。本紀在原則上，是以帝王名篇，即一個帝王一篇本紀。但是司馬遷於夏以前的傳說時代，則五帝合為一紀。於夏，於殷，於周，則合一代的帝王，併為一紀。於秦則一代分為兩紀，而兩紀所分配的帝王，又不平均。於始皇以前，則合所有秦代的先王為一紀；於始皇、二世，則二人合為一紀。而始皇、二世的合紀，又以始皇為主，二世為附。自秦以後，項羽、漢高、呂后、孝文、孝景、武帝，才是一個人一篇專紀。由此而知本紀並不繩於一人一紀的公式，而有其活用之變體。

本紀何為而有此變體？非常明白，司馬遷的原則，是事少者紀略，事多者紀詳。事詳者，則一個帝王為一紀；較略者，則一個朝代為二紀；更略者，則一個朝代為一紀；最略者，則五帝合為一紀。五帝者，即特徵中國史前社會中某一階段的五個神話人物，所以五帝合為一紀，就是把整個史前時代合為一紀。

司馬遷說過，「五帝三代之記尚矣」①。「尚矣」就是遙遠的意思。當時對於遙遠的古史，雖已有傳說，但據他實地考察的結果，各地所傳不同。當時學者雖已多稱五帝，百家雖亦曾言「黃帝」，但「其文不雅馴，薦紳先生難言之」，而「儒者或不傳」[②]。司馬遷對於當時流傳之古史的傳說，完全抱着懷疑的態度，所謂「疑則傳疑，蓋其慎也」。他於其所致疑者，皆曰「尚矣」；曰「不可記已」；曰「靡得而記云」。例如他考曆法，則曰：「神農以前尚矣。」[③]考龜策，則曰：「唐虞以上，不可記已。」[④]考平準，則曰：「自高辛氏之前尚矣，靡得而記云。」[⑤]考諸侯世系，則曰：「殷以前尚矣。」如果要他相信，除非與古文相合。他說：「總之，不離古文者近是。」他說，在古文中，雖然「書缺有間矣」，而「《尚書》獨載堯以來」，是以虞、夏之文，尚可知也。至於虞、夏以前，則於傳說中，「擇其言尤雅者」[⑥]以為史料。因為史料不多，所以於整個史前時代，併為一紀。

至於夏、殷的史料，孔子已不能考。孔子曰：「夏禮吾能言之，杞不足徵也；殷禮吾能言之，宋不足徵也。」⑦自孔子至司馬遷，其間並無新的史料發現。而且經過秦始皇一度焚書，故孔子之所不得而徵的史料，司馬遷亦不能徵之。因此，司馬遷對夏、殷兩紀，僅就傳說，錄其世系，而不紀年。若周代史料，雖有《詩》、《書》可徵，然史料亦簡略；且自共和以前，年代尚不可紀，何況其詳。所以司馬遷於夏、於殷、於周，皆併一代的帝王為合紀。

秦之先世，出自西羌，春秋時，尚不與於中國之盟會。其時代既屬遠古，而活動範圍，又僻在西陲，亦無詳細論著之歷史資料，故亦併為一紀。至於始皇，則秦族已統一中國，典章制度、人物活動，其錄於文書、流為傳說者至多。但秦代的歷史至二世，已成尾聲，史實不多，不能自成一紀。所以司馬遷於秦代則分二紀，其一紀，紀秦之先王；其一紀，紀始皇而附以二世。

自楚、漢之際至於漢武，則為司馬遷之近代，有若干歷史事實都在司馬遷的眼前繼續發展，耳之所聞，目之所見者，無往而非史料。當此之時，一個帝王的史料，多於夏、殷、周一代的史料，乃至整個史前時代的史料，故司馬遷以一帝為一紀。由此看來，司馬遷決不略其所詳，而詳其所不詳，以維持其一個帝王一篇本紀的公式；反之，而是依據史實的繁略，以變通其公式。

其次，說到世家。世家，在原則上，是以諸侯之始封祖先或輔相名篇，亦以一人一世家為正規。前者如於吳則以太伯名篇，於齊則以太公名篇，於魯則以周公名篇，於燕則以召公名篇，於衛則以康叔名篇，於宋則以微子名篇，於越則以勾踐名篇。後者如蕭何、曹參、陳平、周勃等，皆以人名篇⑧，而且皆係一人一世家。但是司馬遷於陳、杞、晉、楚、鄭、趙、魏、韓等世家，則以其封國名篇，換言之，即併一個封國世代的諸侯合為一篇世家，是世家的寫法，也有變體。

世家何為而有變體？顧名思義，我們可以想到世家的主要任務，是在敘述諸侯的世系，即對貴族作集團的描寫。集團的描寫，必須要有一個鮮明的主題，如某一貴族的始祖，係一有名的歷史人物，則以其始祖名篇；如其始祖，來歷不明，或來歷雖明而無史實可記，則以其封國名篇。

例如吳之太伯、齊之太公、魯之周公、燕之召公、衛之康叔、宋之微子、越之勾踐，都是有名的歷史人物，其史跡亦多流傳於當時。他們有值得大書的歷史價值，有可以詳書的歷史資料，故司馬遷用以為標題，以為一篇的主幹，而以其後裔附之。如此，則輕重自分，世系自明。

至於陳、杞、晉、楚、鄭、趙、魏、韓等則不然，此諸國貴族的始祖，或為傳說中的人物，來歷不明；或來歷雖明而史料簡略，不能當作一個主題的人物，所以就合其世世代代的子孫，平行敘述，合為一個世家，而以其封國名篇。

例如《史記．陳杞世家》記陳之始祖曰：「陳胡公滿者，虞帝舜之後也……至於周武王克殷紂，乃復求舜後，得媯滿，封之於陳，以奉帝舜祀，是為胡公。胡公卒……」記杞之始祖曰：「杞東樓公者，夏後禹之後苗裔也。殷時或封或絕。周武王克殷紂，求禹之後，得東樓公，封之於杞，以奉夏后氏祀。東樓公生西樓公，西樓公生題公……」

《楚世家》記楚之先世曰：「楚之先祖，出自帝顓頊高陽……高陽生稱，稱生卷章，卷章生重黎……吳回生陸終，陸終生子六人……六曰季連，芈姓，楚其後也。」

《趙世家》記趙之先世曰：「趙氏之先，與秦共祖。至中衍，為帝大戊御，其後世蜚廉有子二人，而命其一子曰惡來……惡來弟曰季勝，其後為趙。」

《魏世家》記魏之先世曰：「魏之先，畢公高之後也。畢公高與周同姓，武王之代紂，而高封於畢，於是為畢姓。其後絕封，為庶人，或在中國，或在夷狄。其苗裔曰畢萬，事晉獻公。獻公之十六年……以魏封畢萬。」

《韓世家》記韓之先世曰：「韓之先與周同姓，姓姬氏。其後苗裔事晉，得封於韓原，曰韓武子。武子後三世，有韓厥，從封姓為韓氏。」

像陳胡公、杞東樓公、楚季連之流的人物，有無其人，都大成問題，何能以之作為其世家的主題呢？他若晉之始封諸侯唐叔虞，鄭之始封諸侯桓公友，趙之季勝，魏之畢萬，韓之韓厥，雖來歷較明，但史跡甚少，故亦不能以之名篇。

或曰，陳、杞不說，但晉獻公、楚文王、趙簡子、韓康子、魏桓子，都是有名的歷史人物，何以不以其人為其世家的標題呢？但是我們知道以上諸人，都不是始封的諸侯，他們都是發跡於中世，若以中世的諸侯為其世家的主題，則首尾倒置，先世不明。故雖係有名的歷史人物，亦不能以之為主題。

在世家中除以封國為單位合為一篇者，又有以血統為單位合為一篇者，如《五宗世家》、《三王世家》，就是例子。此外又有合兩個封國而併為一篇者如《陳杞世家》、《荊燕世家》，就是例子。

最後，說到列傳。司馬遷寫列傳，更表現了他對方法運用的活潑。如前所述，他首先把他所選定的列傳中的人物，不管異代同時，先依其人的性質，類而別之，為若干組。然後再次其先後，別其輕重，定其主從，或作專傳，或作合傳。

在《史記》列傳中，我們可以看出凡司馬遷作專傳的歷史人物，大概不是他認為這個人物之事跡獨特，沒有可以與他類聚的；便是這個人物史實豐富，非專傳不能詳其平生。如伍子胥、商鞅皆作專傳，就是因為他們的事跡獨特。如孟嘗君等四公子，本為同一類型的人物，可以為合傳；韓信、彭越，也是同一類型的人物，可以為合傳；樂毅、田單等也是同一類型的人物，可以為合傳；但都不作為合傳而各為專傳，這就是因為他們的史實豐富。把這些人獨立起來，作一專傳，而將與他們有關的若干史實和人物，附麗在他們的專傳中，則可以透露一個歷史側面。若與人合傳，反而失去了敘述的重心，所以寧為專傳，不為合傳。

《史記》中的合傳，也有各種各樣的體裁。有兩人平等並列，合為一傳者；有多人平等並列，合為一傳者；有以一人為主，一人為從，合為一傳者；有以二人為主，多人為從，合為一傳者。不論怎樣合法，要之，凡合為一傳的人物，非其性質相同，即其歷史行動有相互的關係。

兩人平等並列為一合傳者，如管、晏合傳，孫武、吳起合傳，屈原、賈誼合傳，扁鵲、倉公合傳，都是因為他們的性質相同。如張耳、陳餘合傳，魏豹、彭越合傳，都是因為他們的歷史行動，有相互的關係。

多人平等並列合為一傳者，如老子、莊子、申不害、韓非合傳，是司馬遷以為他們同是道家。仲尼弟子七十七人合傳，是因為他們同是儒家的門徒，而又同時並世，在生活上有其相互的關係。此外刺客、循吏、儒林、酷吏、遊俠、佞幸、滑稽、日者、龜策、貨殖之各為合傳，而且這些合為一傳的人物，又生不同時，這就是因為他們是同一類型的人物。

以一人為主、一人為從而合傳者，如伯夷傳而從以叔齊，是以其為兄弟，而又同以身殉於殷朝。以二人為主多人為從而合傳者，如孟軻、荀卿合傳，而從以淳于髡、慎到、騶奭，這是因為他們同是戰國時代的學者。又如衛青、霍去病合傳，而從以公孫賀、李息、公孫敖、李沮、張次公、蘇建、趙信、張騫、李蔡、曹襄、韓説、郭昌、趙食其、荀彘、路博德、趙破奴，這是因為他們都是武帝時代北擊匈奴，遠征西域的將領。

此外，在列傳中，尚有以民族名篇者，如南越、東越、朝鮮、匈奴、西南夷、大宛等傳，這是司馬遷以為他們都是蠻夷。實際上，司馬遷當時，雖然這些四周諸民族與大漢帝國都有或多或少的關係，但對於他們民族內部的情形，還是不大明了。例如他對西南夷的君長，僅能説，「以什數」，「以百數」，至於他們內部的人物活動，更不知道，所以不能寫出民族人物的列傳；只有以民族為單位，寫出其民族的集團活動。如果南越尉佗，不是司馬遷所云是真定人，那麼，在《史記》中，就有一篇民族人物的列傳了。

總上所述，我們可以看出，司馬遷之運用紀傳體的方法，是何等的活潑！他就是用這樣的方法，寫成了一部有名的《史記》。即因他在紀傳與紀傳之間，建立了一些無形的關係，所以，《史記》拆開看，是許多個人的歷史；合攏來看，簡直是一部漢武以前的中國通史。

注釋：

①《史記．三代世表．太史公曰》。
②《史記．五帝本紀．太史公曰》。
③《史記．曆書．太史公曰》。

④《史記・龜策列傳・太史公曰》。

⑤《史記・平準書・太史公曰》。

⑥以上所引均見《史記・五帝本紀・太史公曰》。

⑦《論語・八佾》。

⑧都以姓氏以官職或爵位名篇。

四　司馬遷的歷史批判——「太史公曰」

司馬遷的不朽，固在於他開創了一種新的歷史方法；同時，也在於他所寫的《史記》不是一部人物傳紀的彙編，而是一種富有靈魂的著作。換言之，《史記》不是一部死板的記述的歷史，而是一部生動的批判的歷史。

從《史記》中，我們到處都可以看到司馬遷在大膽地進行他的歷史批判。他敢於指斥帝王，貶抑權貴；敢於歌頌「叛逆」，同情貧弱。一言以蔽之，他敢於揭發歷史的黑暗，抨擊人類的罪惡。他帶着一支禿筆，走進中國歷史學的領域，用他敏銳的眼光，正義的觀感，生動的筆致，沉重的語言，縱橫古今，褒貶百代。在他的筆底，不知有若干黜廢的賢聖、失敗的英雄、俠義的豪傑、市井的浪人，放出了光彩；在他的筆底，不知有若干暴虐的帝王、荒淫的貴族、殘酷的官吏、貨殖的豪富，現出了原形。

司馬遷執行他的歷史批判，有各種形式，概而言之，不外四種：一用標題；二用書法；三於敘述中夾以批判；最後而又是最重要的，則為各篇之後的專評，即「太史公曰」之下的文章。「太史公曰」，就是司馬遷設計的歷史審判的法庭。

用標題執行批判的例子，前已略論。例如列項羽於本紀，就是尊項羽為帝王。列孔子、陳涉於世家，就是崇孔子、陳涉為王侯。紀呂后而缺惠帝，並非抹煞惠帝，而是所以深罪呂后之專國。又如在列傳中，對於一般的人物列傳，都以其人之名標題，而獨於刺客、循吏、儒林、酷吏、遊俠、佞幸、滑稽、日者、龜策、貨殖，則以其人之行為標題，這就是提示作者對以上各類人物的態度，暗示抑揚之意。

用書法者。如書孔丘則不名，曰：「孔子，生魯昌平鄉陬邑，其先宋人也。」書孟、荀，則直稱其名，曰，「孟軻，鄒人也」；「荀卿，趙人」。同樣，書老、莊亦不名，曰，「老子者，楚苦縣厲鄉曲仁里人也」；「莊子者，蒙人也」。書申、韓，則直稱其名曰，「申不害者，京人也」；「韓非者，韓之諸公子也」。書孫武，則在名與不名之間，曰：「孫子武者，齊人也。」書吳起，則直稱其名曰：「吳起者，衛人也。」像這樣的書法，正是不說話的批判。他之不書名，是表示他對於其人的最大尊崇。書名，是表示他對於其人並不如何尊崇。

《史記》中有於敘事中，夾以批判者。如《平準書》末載卜式言曰：

「縣官當食租衣稅而已。今弘羊令吏坐市列肆，販物求利。亨弘羊，天乃雨。」《王翦列傳》末載論曰：「或曰：『王離，秦之名將也，今將強秦之兵，攻新造之趙，舉之必矣。』客曰：『不然，夫為將三世者必敗。必敗者何也？必其所殺伐多矣，其後受其不祥。今王離已三世將矣。』」《刺客列傳．荊軻傳》末載魯勾踐之語曰：「嗟乎！惜哉！其不講於刺劍之術也，甚矣！吾不知人也。曩者，吾叱之，彼乃以我為非人也。」《鼂錯列傳》末載鄧公對景帝之語曰：「夫鼂錯患諸侯強大不可制，故請削地以尊京師，萬世之利也。計劃始行，卒受大戮，內杜忠臣之口，外為諸侯報仇，臣竊為陛下不取也。」《魏其武安列傳》末載武帝謂丞相田蚡曰：「君除吏已盡未？吾亦欲除吏。」又曰：「君何不遂取武庫！」這些，都是借用他人的言語，在敘事中兼示批判。

此外，亦有用自己的言語，在敘事中順便批判者。如《衛青列傳》

中有曰：「大將軍為人，仁善退讓，以和柔自媚於上。然天下未有稱也。」《平準書》中有曰：「當此之時，網疏而民富，役財驕溢，或至兼併；豪黨之徒，以武斷於鄉曲；宗室有土，公卿大夫以下爭於奢侈；室廬輿服僭於上，無限度。物盛而衰，固其變也。」

以上都是一種暗示。更有於敘事中直指者。如《馮唐列傳》云：「唐時年九十餘，不能復為官，乃以唐子馮遂為郎。遂字王孫，亦奇士。」《外戚世家》云：「衛皇后，字子夫，生微矣。」以上不過略舉數例而已，此種批判的言語，充滿《史記》各篇。

最後說到「太史公曰」。「太史公曰」是司馬遷負責的批判，也是《史記》一書的靈魂。司馬遷在這裡，「貶天子，退諸侯，斥大夫」，「別嫌疑」，「明是非」，「善善，惡惡；賢賢，賤不肖」。執行他對歷史人物的批判。

關於「貶天子」者，例如司馬遷對秦始皇、二世，都有不好的批評。他借賈誼評秦始皇之語曰：「於是廢先王之道，焚百家之言，以愚黔首；墮名城，殺豪俊，收天下之兵，聚之咸陽，銷鋒鑄鐻，以為金人十二，以弱黔首之民……秦王之心，自以為關中之固，金城千里，子孫帝王萬世之業也。秦王既沒，餘威振於殊俗。陳涉，甕牖繩樞之子，氓隸之人，而遷徙之徒……躡足行伍之間，而倔起什伯之中，率罷散之卒，將數百之眾，而轉攻秦，斬木為兵，揭竿為旗，天下雲集響應，贏糧而景從，山東豪俊遂並起而亡秦族矣……何也？仁義不施，而攻守之勢異也。」①

評二世曰：「繁刑嚴誅，吏治刻深，賞罰不當，賦斂無度。天下多事，吏弗能紀；百姓困窮，而主弗收恤。然後奸偽並起，而上下相遁；蒙罪者眾，刑戮相望於道，而天下苦之。自君卿以下，至於眾庶，人懷自危之心，親處窮苦之實，咸不安其位，故易動也。是以陳涉……奮臂於大澤，而天下嚮應者，其民危也。」②

司馬遷不但對前代的帝王有貶辭，對本朝的帝王乃至對他的當今皇帝，亦有微詞。例如在《叔孫通列傳》中評漢高祖曰：「夫高祖起微細，定海內，謀計用兵，可謂盡之矣。」這就無異說，「謀計用兵」以外，一無所長。《呂太后本紀》中評呂后曰：「故孝惠垂拱，高後女主稱制，政不出房戶。」這就無異說「牝雞司晨，惟家之索」。《馮唐列傳》中，借馮唐之語評文帝曰：「臣愚以為陛下法太明，賞太輕，罰太重，且雲中守魏尚坐上功，首虜差六級，陛下下之吏，削其爵，罰作之。由此言之，陛下雖得廉頗、李牧，弗能用也。」其評景帝殺晁錯之誤，已如前述。

司馬遷評武帝，更為大膽。他在《封禪書》中，譏諷武帝惑鬼神，求神仙，迷巫祝，信方士，甚至把自己的女兒嫁給方士，以求換取不死之藥；但結果，也只是白送了一個女兒而已。在《平準書》中，他譴責武帝，因勤遠略，弄得天下蕭蕭然，民窮財竭。結果賣官爵，發皮幣，專鹽鐵，算舟車，稅緡錢，民不堪其命。《平準書》中有曰：

> 自是之後，嚴助、朱買臣等招來東甌，事兩越，江、淮之間蕭然煩費矣。唐蒙、司馬相如開路西南夷，鑿山通道千餘里，以廣巴蜀，巴蜀之民罷焉。彭吳賈滅朝鮮，置滄海之郡，則燕、齊之間，靡然發動。及王恢設謀馬邑，匈奴絕和親，侵擾北邊，兵連而不解……中外騷擾而相奉，百姓抏弊以巧法，財賂衰耗而不贍。入物者補官，出貨者除罪；選舉陵遲，廉恥相冒；武力進用，法嚴令具，興利之臣自此始也。

司馬遷亦曾退諸侯，斥卿相。例如評梁孝王曰：「植其財貨，廣宮室，車服擬於天子，然亦僭矣。」[3]評絳侯周勃曰：「絳侯周勃始為布衣時，鄙樸人也。」[4]評武安侯田蚡曰：「武安之貴，在日月之際。」[5]「日月之際」者，即裙帶關係也。評相國蕭何曰：「蕭相國何於秦時為刀筆吏，錄錄未有奇節。及漢興，依日月之末光。」[6]「依日月之末光」者，即攀龍附鳳也。評相國曹參曰：「曹相國參攻城野戰之功所以能多若此者，以與淮陰侯俱。及信已滅，而列侯成功，唯獨參擅其名。」「以與淮陰侯俱」者，冒淮陰侯之功也。

司馬遷對於草菅人命、蔑視人權的酷吏，極為痛恨。他在《酷吏列傳》評曰：「自郅都、杜周十人者，此皆以酷烈為聲。……然此十人中，其廉者足以為儀表，其污者足以為戒……至若蜀守馮當暴挫，廣漢李貞擅磔人，東郡彌僕鋸項，天水駱璧推咸，河東褚廣妄殺，京兆無忌、馮翊殷周蝮鷙，水衡閻奉樸擊賣請，何足數哉！何足數哉！」

司馬遷對於佞幸之徒極為鄙棄。他在《佞幸列傳》中，開始便說：「諺曰：『力田不如逢年，善仕不如遇合。』固無虛言。非獨女以色媚，而仕宦亦有之。昔以色幸者多矣。至漢興，高祖至暴抗也，然籍孺以佞幸；孝惠時有閎孺。此兩人非有材能，徒以婉佞貴幸，與上臥起，公卿皆因關說……孝文時中寵臣，士人則鄧通，宦者則趙同、北宮伯子。」他說鄧通「其衣帶後穿」，可謂謔矣。最後，太史公曰：「甚哉！愛憎之時！彌子瑕之行，足以觀後人佞幸矣！雖百世可知也。」

司馬遷對於宦官，亦甚卑之。他在《報任安書》中說：「刑余之人，無所比數，非一世也，所從來遠矣。昔衛靈公與雍渠載，孔子適陳；商鞅因景監見，趙良寒心；同子參乘，爰絲變色：自古而恥之。」[7]

司馬遷對於「財或累萬金而不佐國家之急」[8]的商人，也最為輕視。

例如范蠡本是越國的大夫，因為他曾「治產積居，與時逐」，故不列之於官吏，而列之於貨殖。子貢本是孔子的門徒，因為他「廢著鬻財於曹魯之間」，故亦不列之於儒林，而列之於貨殖。列之於貨殖者，賤之也。司馬遷在《貨殖列傳》中評曰：「『天下熙熙，皆為利來；天下壤壤，皆為利往。』夫千乘之王，萬家之侯，百室之君，尚猶患貧，而況匹夫編戶之民乎！」在這裡，司馬遷又連帶指斥那些假借政治權力而經商的貴族官僚了。

在另一方面，司馬遷對於古來黜廢的賢聖，則為之讚歎惋惜。例如他於伯夷、叔齊，則曰：「岩穴之士，趣捨有時。若此類名堙滅而不稱，悲夫！」於孔子，則曰：「高山仰止，景行行止。雖不能至，然心鄉往之。」於屈原，則曰：「悲其志。」於賈誼，則曰：「讀《服鳥賦》，同生死，輕去就，又爽然自失矣。」

司馬遷最大膽的地方，就是他敢於當着劉邦的子孫，讚美項羽。因為讚美項羽，就等於貶抑劉邦。司馬遷評項羽曰：「羽非有尺寸，乘勢起隴畝之中。三年，遂將五諸侯滅秦，分裂天下而封王侯，政由羽出，號為霸王。位雖不終，近古以來未嘗有也。」⑨

和讚美項羽一樣的大膽，司馬遷又歌頌陳涉。陳涉在封建統治者看來，正是一個有名的叛逆。歌頌陳涉，就是歌頌叛逆。但司馬遷在《史記·自序》中，卻把陳涉的起義，比之湯武的革命、孔子的作《春秋》。在《陳涉世家》的評語中又說：「陳勝雖已死，其所置遣侯王將相竟亡秦，由涉首事也。」同時，又在《儒林列傳·序》中指出，當陳涉起義之時，雖聖人之徒，也去參加他的革命營陣。他說：「陳涉之王也，而魯諸儒持孔氏之禮器往歸陳王，於是孔甲為陳涉博士，卒與涉俱死。陳涉起匹夫……旬月以王楚，不滿半歲竟滅亡，其事至微淺，然而縉紳先生之徒負孔子禮器往委質為臣者何也？以秦焚其業，積怨而發憤於陳王也。」這段話雖然是對焚書坑儒者的一個警告，也是指明陳涉的革命雖縉紳先生之徒亦往委質為臣的事實。

此外，司馬遷對於韓信、黥布、魏豹、彭越這些失敗的英雄，都不勝惋惜。他評韓信曰：「假令韓信學道謙讓，不伐己功，不矜其能，則庶幾哉，於漢家勳可以比周、召、太公之徒。」評黥布曰：「英布者，其先豈《春秋》所見楚滅英、六、皋陶之後哉？身被刑法，何其拔興之暴也。」評魏豹、彭越曰：「魏豹、彭越雖故賤，然已席捲千里，南面稱孤，喋血乘勝，日有聞矣……智略絕人，獨患無身耳。」

司馬遷對於善良的官吏，亦為之表揚。他在《循吏列傳》中評曰：「孫叔敖出一言，郢市復；子產病死，鄭民號哭；公儀子見好布而家婦逐；石奢縱父而死，楚昭名立；李離過殺而伏劍，晉文以正國法。」

司馬遷對於草野豪俠之士，極為讚歎。他在《刺客列傳》中評曰：「自曹沫至荊軻五人，此其義或成或不成；然其立意較然，不欺其志，名垂後世，豈妄也哉！」又於《遊俠列傳．序》中，特別申述其崇拜草野豪俠的理由曰：

韓子曰：「儒以文亂法，而俠以武犯禁。」二者皆譏，而學士多稱於世云。至如以術取宰相卿大夫，輔翼其世主，功名俱著於春秋，固無可言者。及若季次、原憲，閭巷人也，讀書懷獨行君子之德，義不苟合當世，當世亦笑之。故季次、原憲終身空室蓬戶，褐衣蔬食不厭。死而已四百餘年，而弟子志之不倦。今遊俠，其行雖不軌於正義，然其言必信，其行必果；已諾必誠，不愛其軀，赴士之厄困。既已存亡死生矣，而不矜其能，羞伐其德，蓋亦有足多者焉……布衣之徒，設取予然諾，千里誦義，為死不顧世，此亦有所長，非苟而已也。故士窮窘而得委命，此豈非人之所謂賢豪間者邪？誠使鄉曲之俠，予季次、原憲比權量力，效功於當世，不同日而論矣。要以功見言信，俠客之義又曷可少哉？古布衣之俠，靡得而聞已……以余所聞，漢興有朱家、田仲、王公、劇孟、郭解之徒，雖時扞當世之文罔，然其私義廉潔退讓，有足稱者。名不虛立，士不虛附。至如朋黨宗強比周，設財役貧，豪暴侵凌孤弱，恣欲自快，遊俠亦醜之。余悲世俗不察其意，而猥以朱家、郭解等，令與暴豪之徒同類而共笑之也。

在封建皇帝之前，直言極諫之士，往往遭橫禍；於是而有善良之士，以滑稽的態度，用戲謔的言語，以為諷刺。這些人，有時「談言微中，亦可以解紛」。故司馬遷亦美之。他在《滑稽列傳》中評曰：「淳于髡仰天大笑，齊威王橫行。優孟搖頭而歌，負薪者以封；優旃臨檻疾呼，陛楯得以半更。豈不亦偉哉！」

總觀以上所錄的評語，我們便可以看出司馬遷之所善與所惡，所賢與所賤，所是與所非；因而也就知道《史記》一書，不僅是為了敘述歷史，而且也是為了批判歷史，從而也就知道司馬遷之作《史記》，不是為了清算古人，而是為了要從古史中找出一些歷史教訓，教育他同時並世的人。他在《高祖功臣侯者年表》中說：「居今之世，志古之道，所以自鏡也。」這就是他作《史記》的用意。

即因司馬遷在《史記》中的批評，有些不合於封建的教條，所以後來班固批評他說：「其是非頗繆於聖人。論大道，則先黃老而後《六經》；序遊俠，則退處士而進奸雄；述貨殖，則崇勢利而羞賤貧，此其所蔽也。」⑩班固對司馬遷的批判，大概都中要害；只有說他崇勢利而羞貧賤一點，是沒有看懂司馬遷作《貨殖列傳》的意義。司馬遷之傳貨殖，不但不是崇勢利，而正是貶勢利。關於這一點，只要看他把范蠡、子貢列於《貨殖列傳》就可以證明。以後至於王允，則竟指《史記》為「謗書」⑪，章實齋又為之辯護，謂其「折衷六藝，何敢於訕上哉」？我以為謂之「謗書」，則未免太過；謂其毫無批判當世之意，亦非司馬遷所能同意。誠如章實齋所云：「今觀遷書，如封禪之惑於鬼神，平準之算及商販，孝武之秕政也。」孝武之秕政，而司馬遷指出之，非「訕上」而何？司馬遷以無罪而遭大辱，當然有所憤慨。此種憤慨，常見於言詞。例如在《伍子胥列傳》中評曰：「怨毒之於人甚矣哉！王者尚不能行之於臣下，況同列乎！」又在《屈原列傳》中曰：「信而見疑，忠而被謗，能無怨乎！」即因司馬遷積有怨憤，所以發而為文，則氣勢蓬勃，熱力豐富，因而《史記》一書成為千古的傑作。所以，雖「劉向、揚雄，博極群書，皆稱遷有良史之材，服其善序事理，辨而不華，質而不俚，其文直，其事核，不虛美，不隱惡，故謂之實錄」。⑫

注釋：

①《史記．秦始皇本紀．太史公曰》引賈誼《過秦論》。

②《史記．秦始皇本紀．太史公曰》引賈誼《過秦論》。

③《史記．梁孝王世家．太史公曰》。

④《史記．絳侯周勃世家．太史公曰》。

⑤《史記．魏其武安侯列傳．太史公曰》。

⑥《史記．蕭相國世家．太史公曰》。

⑦《漢書．司馬遷傳》。
⑧《史記．平準書》。
⑨《史記．項羽本紀．太史公曰》。
⑩《漢書．司馬遷傳．贊》。
⑪《後漢書．蔡邕傳》。
⑫《漢書．司馬遷傳．贊》。

五　餘論——史料的搜集編制及其歷史觀

《史記》一書，因為充溢着作者的批判精神，後來的學者以為《史記》一書係司馬遷發憤之作，因疑其對於史實的紀述，不甚注意。例如班固就說過：「其言秦漢詳矣，至於採經摭傳，分散數家之事，甚多疏略，或有抵梧。」①自宋以後，學者多因襲班固之說，在《史記》中吹毛求疵。如宋王應麟《困學紀聞》中，有《史記正誤》一篇，金王若虛有《史記辨惑》，明柯維騏有《史記考要》，清杭世駿有《史記考證》，梁玉繩有《史記志疑》，邵泰衢有《史記疑問》。這些學者的著作，對於

《史記》，雖亦各有發明之處，然大抵據經以證史，故其所疑者，未必可疑；其所正者，未必盡正。

我不是說，司馬遷對於史實的敘述，完全沒有疏漏或自相矛盾的地方；但我以為司馬遷的疏漏與自相矛盾，不是因為他不注重史實，或故意歪曲史實，而是因為他在整齊百家雜說，貫穿經傳遺文之時，千頭萬緒，精力有時不能顧及之所致也。據我從《史記》中所知，司馬遷對於記錄史實，非常嚴謹。非根據古書，即根據訪問，從未隨便紀一事，傳一人。

其根據古書之例，如司馬遷作《五帝本紀》，自唐、虞以下，則根據《尚書》，作殷、周本紀，則根據《尚書》、《詩經》。他說：「自成湯以來，採於《書》、《詩》。」[②]至於自唐、虞以上，他一再聲明「尚矣」，「不可記已」。故紀此「尚矣」之時，則擇傳說中之「其言尤雅者」③，以為資料。

對於上古史如此，對於周以來的歷史亦如此。如司馬遷在《十二諸侯年表・序》曰：「太史公讀《春秋曆譜諜》。」在《六國年表・序》，則曰：「太史公讀《秦記》。」在《秦楚之際月表・序》，則曰：「太史公讀秦楚之際（按即《楚漢春秋》等）。」在《惠景間侯者年表・序》，則曰：「太史公讀列封（按即封建諸侯的檔案）。」在《孔子世家・太史公曰》：「余讀孔氏書。」在《仲尼弟子列傳・太史公曰》：「余以弟子名姓文字，悉取《論語》弟子問，並次為篇，疑者闕焉。」作《老莊申韓列傳》、《孟子荀卿列傳》，皆曾讀其人之書。作《孫子吳起列傳》，則曾讀《孫子十三篇》、《吳起兵法》。作《屈原列傳》，則曰：「余讀《離騷》、《天問》、《招魂》、《哀郢》。」作《賈誼列傳》，則曰：「讀《服鳥賦》。」作《陸賈列傳》，則曰：「余讀陸生《新語》書十二篇。」作

《管晏列傳》，則曰：「吾讀管氏《牧民》、《山高》、《乘馬》、《輕重》、《九府》，及《晏子春秋》。」一言以蔽之，載之經、傳者，必據經、傳；其人有著述者，必讀其人之書。但司馬遷亦非凡書皆信，如「黃帝以來皆有年數」之「諜記」，因與「古文咸不同乖異」，司馬遷即不以為據。又如言怪物的《禹本紀》、《山海經》，亦不置信。他在《大宛列傳·太史公曰》中云：「故言九州山川，《尚書》近之矣。至《禹本紀》、《山海經》所有怪物，余不敢言之也。」

司馬遷著《史記》，並非閉門造車，有若干史料，皆係身歷其地或親訪其人而得來。例如他作《河渠書》則曰：「余南登廬山，觀禹疏九江，遂至於會稽太湟，上姑蘇，望五湖，東窺洛汭、大邳，迎河，行淮、泗、濟、漯、洛渠；西瞻蜀之岷山及離碓；北自龍門至於朔方。曰：甚哉，水之為利害也！」作《齊太公世家》則曰：「吾適齊，自泰山屬之琅邪，北被於海，膏壤二千里，其民闊達多匿知，其天性也。」作《魏世家》，則曰：「吾適故大梁之墟，墟中人曰：『秦之破梁，引河溝而灌大梁，三月城壞，王請降。』」作《孔子世家》，則曰：「適魯，觀仲尼廟堂，車服禮器，諸生以時習禮其家。余祗回留之，不能去云。」作《孟嘗君列傳》，則曰：「吾嘗過薛，其俗閭里率多暴桀子弟，與鄒、魯殊。問其故，曰：『孟嘗君招致天下任俠奸人入薛中，蓋六萬餘家矣。』世之傳孟嘗君好客自喜，名不虛矣。」作《信陵君列傳》，則曰：「吾過大梁之墟，求問其所謂夷門。夷門者，城之東門也。」作《春申君列傳》，則曰：「吾適楚，觀春申君故城，宮室盛矣哉！」作《蒙恬列傳》，則曰：「吾適北邊，自直道歸。行觀蒙恬所為秦築長城亭障，塹山堙谷，通直道，固輕百姓力矣。」作《淮陰侯列傳》，則曰：「吾如淮陰，淮陰人為余言：『韓信雖為布衣時，其志與眾異。』」作《樊酈滕灌列傳》，則曰：「吾適豐沛，問其遺老，觀故蕭、曹、樊噲、滕公之家，及其素，異哉所聞！方其鼓刀屠狗、賣繒之時，豈自知附驥之尾，垂名漢廷，德流子孫哉？余與他廣通，為言高祖功臣之興時若此云。」這些，都是親歷其地的例子。

還有親訪其人者。例如他作《遊俠列傳》，就曾訪問過當時的大俠郭解。他在《遊俠列傳．太史公曰》：「吾視郭解，狀貌不及中人，言語不足採者。」又如他作《李廣列傳》，亦曾訪問過李廣。他在《李廣列傳．太史公曰》：「余睹李將軍，悛悛如鄙人，口不能道辭。」司馬遷對於同時的人，大半可以訪問者必訪問，不僅對郭解、李廣二人為然也。至不能見其人者，則「視其友」。

司馬遷對於以前的古人，大概有圖像者，必觀其圖像。例如他在《留侯世家．太史公曰》：「余以為其人計魁梧奇偉。至見其圖，狀貌如婦人好女。」所以他深以田横沒有圖像遺留下來，不能狀其貌為遺恨。他在《田儋列傳．太史公曰》：「不無善畫者，莫能圖，何哉？」

此外，其史料亦有友人轉述者。如《項羽本紀．太史公曰》：「吾聞之周生曰：『舜目蓋重瞳子。』又聞項羽亦重瞳子。」《刺客列傳．太史公曰》：「始公孫季功、董生與夏無且遊，具知其事，為余道之如是。」《霍去病列傳．太史公曰》：「蘇建語余曰。」

由此，可以證明，司馬遷對史實的記錄，並不是不注意。至於《史記》中所載史實，仍有疏漏抵牾之處者，則是著作家所難免。而且有一部分是司馬遷所不能負責的。例如《建元以來侯者年表》中出現了昭、宣、元、成諸帝的年號，《楚元王世家》記地節二年之事，《齊悼惠王世家》書建始三年者二，《司馬相如列傳．太史公曰》中，出現了揚雄的名字等等，這些都是後人所竄，非司馬遷之原作。

據班固《漢書·司馬遷傳》載，《史記》一書，至宣帝時，始由司馬遷的外孫楊惲發表於世。以後流佈，頗有缺失，班固所見者已缺十篇。但班固僅說「十篇缺」，而未指明何十篇。張晏曰：「遷沒之後，亡《景紀》、《武紀》、《禮書》、《樂書》、《兵書》、《漢興以來將相年表》、《日者列傳》、《三王世家》、《龜策列傳》、《傅靳列傳》。元成之間，褚先生補缺，作《武帝紀》、《三王世家》、《龜策》、《日者傳》。」而顏師古則云：「序目本無《兵書》，張云亡失，此說非也。」④總之，《史記》是經過後人的纂補，這是很明顯的；因而其中有一部分錯誤，歸纂補者負責。

兩千年來，讀《史記》未有不盛讚司馬遷之文章者；誠然，司馬遷的文章真是氣勢蓬勃，既沉重而又飛舞。但無論怎樣，文章總是司馬遷的餘事。而且司馬遷也從來沒有在文字上去雕刻。他決不故為深奧，作出一些讓他同時代的人看不懂的文章，以顯出自己的高深典雅；反之，他引用古文，多改為漢代當時所通用的言語。例如他引《尚書》，絕不照抄「曰若稽古，帝堯曰放勳」，而是改為「帝堯者，放勳」。如果司馬遷生在現在，他一定把這句話改為「傳說中的堯皇帝，他的名字叫放勳」。司馬遷不學《尚書》，而後來的史學家，偏要學《史記》。假如司馬遷死而有知，一定說：「這都是他不肖的門徒，只知模仿其皮毛，而不知師承其精神，見帝王則曰神聖，見革命的豪傑，則曰盜賊，何其無恥也！」

司馬遷的文章之好，不在於筆調，而在於他善於組織史料。例如他傳伯夷，則錄其《西山之歌》，以顯其氣節；傳孔、孟，則錄其言語，以顯其大道；傳老、莊，則錄其著作以顯其學派；傳屈、賈，則錄其詞賦，以顯其文章；傳儒林，則錄其師承，以顯其淵源；傳管、晏，則錄其政績，以顯其文治；傳田單、樂毅，則錄其戰伐，以顯其武功；傳蘇、張，則錄其遊説，以顯其縱橫；傳貨殖，則錄其財產，以顯其富厚；傳刺客，則錄其敢死，以顯其慷慨；傳遊俠，則錄其重諾，以顯其俠義；傳滑稽，則錄其笑謔，以顯其諷刺；傳佞幸，則錄其賣身投靠，以顯其下流無恥。總之，他對於每一個紀傳的人物，都能抓住他的特點，闡揚他的特點，使這個被紀傳的人物，躍然紙上，蕭疏欲動。例如他寫刺客，不但從紙上飄起慷慨悲歌之聲，簡直是匕首當前，鮮血射面。像以上所述，就是司馬遷的文章之所以成為千古的絕調。至若之乎也者，乃其餘事。

自然，我不是説司馬遷的《史記》完美無缺，例如他的歷史觀受了騶衍終始五德説的影響，而帶着歷史循環論的色彩。他在《高祖本紀·太史公曰》中説：「夏之政忠。忠之敝，小人以野；故殷人承之以敬。

敬之敝，小人以鬼；故周人承之以文。文之敝，小人以僿，故救僿莫若以忠。三王之道若循環，終而復始。周、秦之間，可謂文敝矣。秦政不改，反酷刑法，豈不繆乎！故漢興，承敝易變，使人不倦，得天統矣。」這就是說，歷史的發展，即忠、敬、文的循環。所以他在《平準書．太史公曰》中又說：「是以物盛則衰，時極而轉，一質一文，終始之變也。」此外他又替漢高祖作出一些赤帝、白帝的神話，在《封禪書》中，又徵引土德、水德的受命之說。於是用赤、白、黑，配合忠、敬、文，再配合金、木、水、火、土，歷史就在金、木、水、火、土的相生與赤、白、黑，忠、敬、文的循環中，在司馬遷面前打圈圈了。雖然，我們論一個人，總要根據他自己的時代。在司馬遷的時代，正是五行說高漲的時代，他怎能不受影響呢？假如我們以歷史的循環論而責司馬遷，那就無異責備殷人不該信鬼。

自司馬遷開創了紀傳體歷史方法以後，兩千年來，中國的歷史家都奉為歷史學的正宗，凡寫着所謂正史，都用這種方法。一部二十四史，都是用紀傳體的歷史方法寫成的。一直到我們的今日，凡達官顯宦死了以後，政府都還有一道「宣付史館立傳」的命令，足見司馬遷在中國歷史學上的影響之巨大而悠久。

但是司馬遷的學生，從班固算起，沒有一個能夠望其肩背的。中國的學者往往以《史記》、《漢書》相提並論，我以為這未免太恭維班固了。班固，充其量，也不過是司馬遷的學生中比較高明的一個。他用司馬遷的方法，寫成了一部西漢的歷史；而且關於武帝以前的歷史，連文章都是照抄《史記》的原文。如果說他在方法上有發明，那就是把司馬遷的「書」，改名曰「志」。如果說他在歷史學上也有創見，那就是去掉項羽的本紀，將漢代的歷史上推於楚漢之際。取消陳涉的世家，把他降入列傳。還有，就是加上了惠帝的本紀，辯護呂后的專政。所以若以《漢書》比《史記》，那真是瞠乎其後矣。

現在歷史學已經進入了科學的階段，紀傳體的歷史方法已經成了過去。但中國的歷史資料大半都保存在紀傳體的歷史著作之中；為了找歷史資料，我們應該知道紀傳體的歷史方法。同時我並且以為即使在我們今日，紀傳體的歷史仍不失為一種保存史料最好的方法。因略論司馬遷的歷史學，以說明紀傳體歷史方法的內容。

注釋：

① 《漢書·司馬遷傳·贊》。

② 《史記·殷本紀·太史公曰》。

③《史記・五帝本紀・太史公曰》。
④《漢書・司馬遷傳》顏師古注。

一九四四年十一月十一日
（原載重慶《中山文化季刊》第二卷第一期，一九四五年六月出版）

責任編輯　梅　林
書籍設計　林　溪
責任校對　江蓉甬
排　　版　高向明
印　　務　馮政光

書　　名　司馬遷和他的歷史學
叢 書 名　大家歷史小叢書
作　　者　翦伯贊
出　　版　香港中和出版有限公司
Hong Kong Open Page Publishing Co., Ltd.
香港北角英皇道四九九號北角工業大廈十八樓
http://www.hkopenpage.com
http://www.facebook.com/hkopenpage
http://weibo.com/hkopenpage
Email:info@hkopenpage.com
香港發行　香港聯合書刊物流有限公司
香港新界大埔汀麗路三十六號三字樓
印　　刷　美雅印刷製本有限公司
香港九龍官塘榮業街六號海濱工業大廈四字樓
版　　次　二〇二〇年三月香港第一版第一次印刷
規　　格　三十二開（128mm × 188mm）九十六面
國際書號　ISBN 978-988-8694-24-2